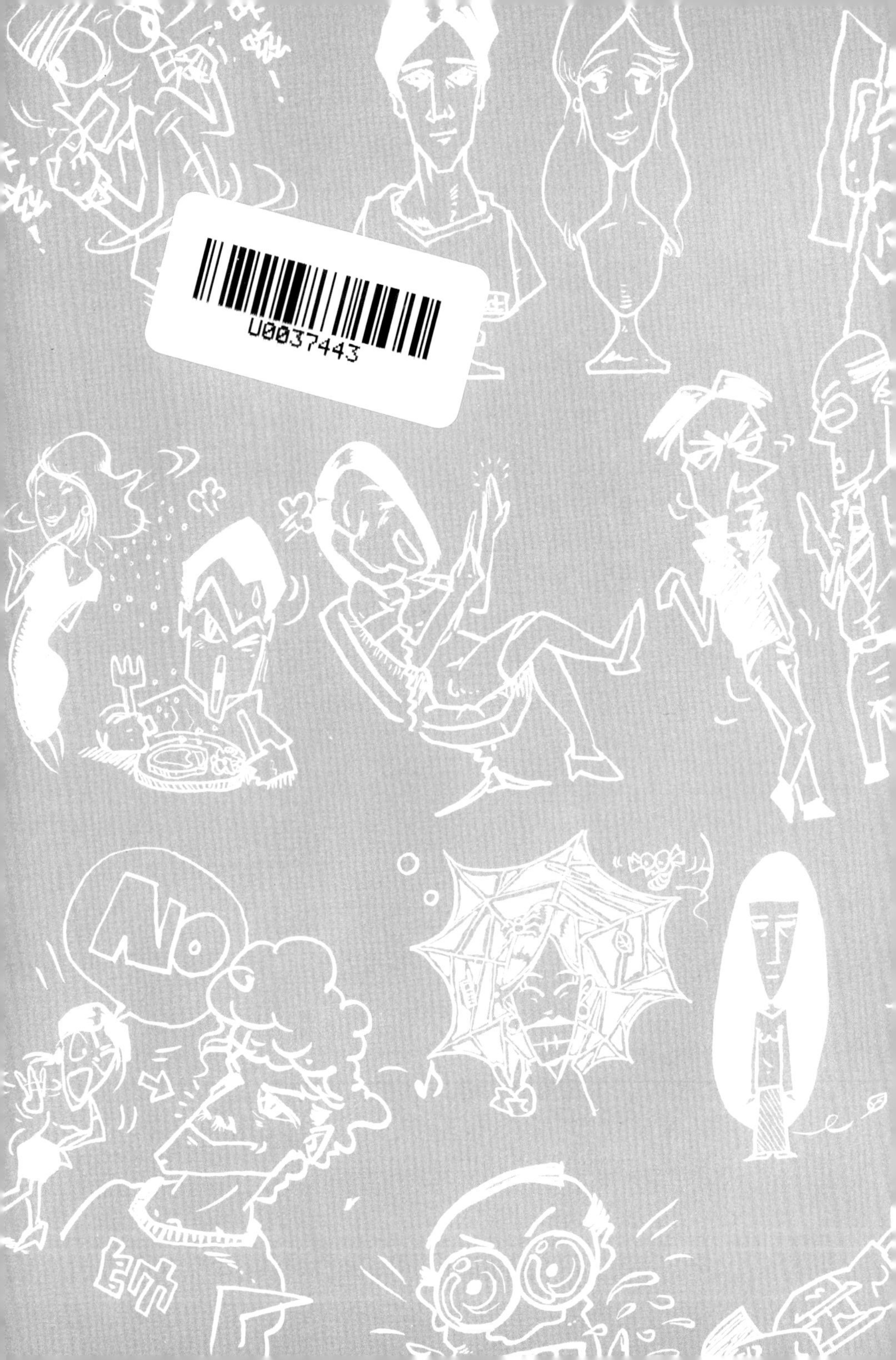
NO

SEXY
hair

Perfect
NO

SAFE
SEXY hair

哎呀！真尷尬

Oh ! How Embarrassed

作者/楊麗菁
插畫/許向豪

推薦序

開啟與眞實自我對話的鎖鑰

孫靜如

「美好的心靈體現於優雅的行為；因為沒有什麼比一個人的舉止風度更能揭示其品格。」—英國詩人愛德蒙・史賓賽（Edmund Spenser，1552—1599）。

即使我們不斷強調一個人的內涵重於外表，但根據美國人文科學學會(American Academy of Arts and Sciences)的研究顯示：人與人之間對彼此第一印象的好惡，93％是取決於對方的外在儀容。因為人的行為儀表，不只能展現身形的自然之美，更能深度地反映出我們的品格氣質。換言之，個人魅力與吸引力的散發，是從最根本的動作舉止開始。

推薦序

本書主旨就是在幫助現代人察覺到各種不雅的習慣和令人避之唯恐不及的陋行，而這些細節正是阻礙我們內涵流露與拓展人際關係的絆腳石。

所謂「習慣成自然」，許多時候我們並不能看清自己的「真面目」，但別人卻能從我們的言行舉止來衡量我們教養與品格的程度，因為人的行為正映照著內心世界的真相，所以，我們更得好好檢視一下自己的各種德性。

很少有人能正面或是敢直接糾正我們的不雅舉止。至親好友或是心腸好的人或許能包容諒解，但大多數人卻可能選擇敬而遠之。在這個追求速度與感官的時代，在還來不及秀出自己的內在時，卻極有可能在第一時間就被對方拒之千里而淘汰出局。我們必須意識到：邋遢不等於瀟灑，風流不等於下流，簡便不等於隨便。清新、舒適、合宜、得體的外表才是氣質與風度的最佳包裝。

時間邁入廿一世紀的同時，或許我們認為現在是流行網際網路交友的年代，人們可以坐著不出門而先靠文字去傳達個人的情感與思想，不會全然受限於對外表美醜的偏見。殊不知文筆才情的顯露，只會為彼此留下更多、更高的理想憧憬。

但長相美醜真的不是問題，當我們在抱怨別人現實的時候，為什麼沒有想到：有人可以「美的很俗」，有人卻可以「醜的可愛」？那是因為我們都太將「外表」一詞放在長相上去思考，而忽略了個人的言談舉止與行為動作才是構成整體的印象。

禮節不是專為俊男美女所訂定，如果認為自己相貌平凡，就應該更加注意

推薦序

自己的行為舉止，為個人加分。因此，注重個人的禮貌或儀表絕非矯揉造作，更不是虛偽，反而是促進人與人之間親近、溝通與相互瞭解的最佳利器。

從這個角度看，作者楊麗菁小姐以i世代眼光的觀察與口吻來闡釋傳統「禮儀」的精義—禮儀作為一種人文教育的手段，她的基本精神就是呈現最真誠、體貼與自然合宜的行為，讓我們處處行止得宜，更加有質感、受人歡迎。

我相信當您閱讀這本書時，「尷尬啊～」的聲音將從心底油然生起，但絕對不是只帶著敏銳的目光去察看別人，更應該學習如何嚴格的挑剔和反省自己。作者在機智幽默的筆調背後，正欲喚醒我們的自覺，讓我們與自身的一切細行相互觀照。這本書不單能提供您知識，更能帶給讀者絕對的自信，將生活與人際關係的考驗，在自信中迎刃而解。

禮儀生活家孫靜如，台大歷史系、藝術研究所畢業，曾任國立歷史博物館解說組組長、國際禮儀協會講師，並致力於禮儀演說推廣。

推 薦 序

自序

我們不是徐若瑄、金城武

我們從頭到腳的各個器官，都能散發迷人的風情，但也有可能洩露出不堪的氣質，造成尷尬。是優雅還是粗俗？盡現於動作舉止、儀表談吐之間。

外表到底重不重要？有人說，不重要，一個人首重內在涵養、心地善良。事實上呢？誰不愛欣賞美麗、俊俏的容貌，婀娜、挺拔的身段！如果可以選擇，有人會拒絕做個俊男美女嗎？可是，不是每個人都生成金城武、徐若瑄那個樣呀！生命本來就是不公平的，更不公平的是，美女帥哥做了尷尬的事，大家可能不會太計較，但凡夫俗子犯毛病，恐怕就格外地惹人嫌！

本來想學帥哥扮頹廢，邋遢過頭尤顯髒：欲模仿美女甩長髮，偏偏灑下頭皮屑，徒增反效果。

自序

相對的，貌美如花的美女在公共場所掏牙、摳腳，英俊瀟灑的帥哥指甲藏污納垢、鼻毛一根根刺出來，難道不會讓人在心裡說上一句：「那ㄟ按ㄋㄟ！」

外表當然重要，但出色的外貌，是無法完全依靠整型手術雕琢而成的；無懈可擊的身材，要花費許多精力維持，天生比例不佳，終難臻至。

表現、形象優劣，並且深深妨礙到他人，實在是不可不察，不可不慎。

要成為迷死人不償命的殺手，還是一出現就「殺」風景的高手，全靠我們是否能夠察覺自己即是造成這些尷尬場面的元兇了。

本書的完成，我要特別感謝最好的朋友—禮儀生活家孫靜如小姐，擔任諮詢顧問，使書中內容得以專業禮儀的知識為基礎，傳達禮儀生活化、實用性的一面，尤其是以體貼他人的角度自我要求、向上提昇的禮儀內涵。其人本身，就是一位表裡如一的美儀化身，同時具備接待、導覽、歷史、藝術的專才與素養，並致力於國際禮儀的演說推廣。

讓我們把要求留給自己，讚嘆留給別人！不論頭皮、頭髮、眼睛、鼻孔、鼻毛、口腔、手指甲、身體、腳趾…都要乾乾淨淨；不發出怪聲、異味，不製造髒亂，揮別尷尬，做個優質男女，共勉之。

自　序

目錄

目錄

第一章

一切重頭

讓自己氣質加分、魅力竄升的第一步，就得重頭開始。

第一章　一切重頭

魅力指數	★★★
防護區	頭皮、頭髮、髮型、安全帽
殺手指數	★★★

❤『頭皮屑，哎呀！真尷尬』

廣告片中身段窈窕，秀髮烏黑，或是Pub裡時髦的搖頭女，脖一歪，臉一側，發現自己竟然有頭、皮、屑！頓時令自己顏面無光，別人看了也尷尬。同樣的，穿著一身畢挺，深色穩重西裝，頭髮抹得油亮的帥哥，肩頭那些些映照著刺眼的頭、皮、屑？糗啊！

讓自己氣質加分、魅力竄升的第一步，就得重頭開始，特別是頂上的頭皮及毛髮。

一般人多少都會有頭皮屑，這和新陳代謝有關。而過多的頭皮屑雖非情願，但的確會影響別人的觀感，所以不要小看那星星點點的碎屑喔！只要能夠正視這個問題，自然可以從一些動作及生活習慣減輕其殺傷力，最直接的改善方法就是試試所謂的抗頭皮屑洗髮產品，並且尋求正確的醫學方法。穿淺色的衣服則是使頭皮屑看起來不明顯的治標方式。

積極自我觀察、關心自己、進而改善，一旦發現任何可疑的魅力殺手，便有轉化成真正師爺師奶、少男少女殺手的機會。

偏偏有人很白目，沒知覺，頂著滿頭屑還在那兒猛甩頭，殃及無辜，掃到了正在用餐的人，順便奉送白鹽幾兩！有頭皮屑的先生小姐們，你們是否也覺得這樣的畫面有點慘不忍睹啊？

❤魅力殺手

頭皮屑的煩惱一時半刻解決不了，最好不要出現甩頭髮的動作，特別是在公共場合或是空間狹小的地方！我知道長髮的帥哥美女愛甩頭、撥髮，為的是展現那藏不住的迷人風情，可是在公車上、教室裡、馬路邊…被你們撇到的臉，會痛啦！如果還有頭皮屑…加上你又好幾天沒洗頭，旁人何其無辜啊？停止！停止那妨礙他人的動作。如果希望看起來整潔俐落些，剪個短髮吧！

有的帥哥、師爺為求造型完美、形象大方，喜愛以髮油、髮雕抹上頭頂，在選擇這類產品的時候，味道非常重要，太過濃郁或刺鼻的氣味，教人退避三舍。其次要注意的就是用量，油抹得過多、過重，而本身的臉又油得像煎蛋，整個頭部可是會呈現豬油欲滴的景況喲！反而失去當初使用髮油的原意。

台灣的空氣不怎麼好，抹了油的頭，更容易沾染灰塵，原本頭皮屑就多的

理，甚至自喻為黃臉婆、中廣男。明明是沒有體臭的人，卻因懶得洗頭、洗澡，出門也不噴點香水、古龍水掩飾，一接近，就會聞到身體、頭皮的異味。

什麼時候開始，小姐時代淡淡的體香味兒沒了，取而代之的是頭皮一股悶餿氣兒，嘖嘖！曾經大方挺拔的男子，頭髮亂了、長了，沒有半點型，卻還不加以修剪，顯得無精打彩。

國內的美容美髮業發展蓬勃，仔細觀察街上男男女女的髮型，亮麗有型的比例並不高。我發覺，大部分的人到美髮院或剪或燙，有主見、能充分掌握是否適合本身臉型的消費者並不多，對於自行整理時難易度的了解也不夠，不是選擇一成不變的安全髮型，就是任由美髮師操刀。

安全的髮型通常呆板、欠缺風情，美髮師眼光俗、技術普通的話，創作出來的髮型則匠氣十足，非但無法為外表加分，往往還有反效果。

記得唸書時，很風行松田聖子那種兩側波浪的髮型，我趕流行、愛美麗不落人後嘛！衝衝動動的跑到住家附近的美容院給燙了，燙完頭髮當下吹風機吹的

波浪挺美的，第二天自己洗頭整理，根本吹不出電視上的髮型，活像松田聖子的阿嬤！嗚…害得我根本不敢出門見人，你說，髮型對一個人的外表重不重要？絕對非常重要！一生中若有緣找到對味、對型的美髮師，真是福澤無限！

髮型是種美感，不注重它，當然不會妨礙到別人，基本上做到整齊清

潔、頭皮不散發異味，已經是自重人重。但如果換一個有型的髮型，可以修飾你的臉型，增加個人整體魅力，甚至改善頭太大(小)的視覺效果，何樂不為？

自重人重

一個人有沒有型和品味，是很容易辨識的，為什麼我們會覺得某某人不帥，但夠性格；哪位女性外貌雖稱不上美麗，卻很細緻有STYLE，髮型及穿著即佔了很大的因素。而且，講究外表不一定要花大錢喔！台灣這方面的資訊隨處可得，就看你夠不夠關心自己，有沒有實踐的決心了。

另外要提醒您，台灣空氣污染嚴重，騎機車的人很多，安全帽戴久了，汗水淋漓，悶久了頭會臭的，只顧著頭髮香香，不看顧一下安全帽，終究臭頭啦！有空記得將安全帽拿去曬曬太陽、通通風。剛剛取下安全帽上班、赴約、拜訪客戶，一定要事先整理自己的儀容，擦汗、梳髮、補妝輕忽不得。

現在，喜歡留長髮的男士不少，的確，留一頭有型的長髮，對了味，再怎麼相貌平庸，甚至於醜男，都可以大大翻身喲！通常男性的髮質較粗硬，留長髮的話更要注意清洗及護髮。

髮型到底是怎樣影響我們的外型，參考一下港星蘇永康的實例吧！

第二章

眉飛色舞

眉毛能改變面相，眼神會洩露心事，眉目傳情全靠“它們”。

有疾所產生的狀況則不在此列。

與人交談直視對方的眼睛是基本禮貌，畏縮閃躲很不大方，不過，沒事盯著不認識的人猛看窮瞄，也相當失禮，就算發現什麼新鮮事，偷瞄一下適可而止。用餘光偷瞄還得注意技巧，不要以為人家都是傻子，完全不知道你在偷看他！

倘若雙方處於暗戀狀況，偷看絕對有助於情愫滋長，這時候又要搬出名言一句了：

「我用我眼角的餘光，看到你用你眼角的餘光，正在偷看我眼角的餘光。」這畫面是不是充滿了想像空間？眉眼傳情的功力可意會不可言傳。

有的人是因為害羞不好意思看著對方，閱歷豐富的人分辨得出來，那和猥瑣的眼神不同，是一種溫和、含羞帶怯的不安，但多數人不一定會理解，為了避免尷尬、造成誤解，有時不妨對人輕輕點點頭，淺淺笑一下，或者簡單說句：「不好意思，我比較容易緊張，不太會講話。」如此一來，害羞的眼神，反而能增進人際關係喔！

❤向「愛凸」一族說不！

國內的眼鏡族很多，所謂四眼田雞是也，眼鏡搭配得好，倒是會產生一股文靜的書卷氣以及文質彬彬的風度；樣式配得不好、度數不夠，許多「愛凸」族便出現了——一根手指一直在那邊凸上凸下的推眼鏡，眼鏡掛在鼻子上，不去凸一夫，矯正不良習慣，做個氣質男女咧！再說，看不清楚的瞇瞇眼們，瞇起眼來並非輕輕柔柔、嘴角含笑的斜睨著，而是硬生生的眉頭糾在一塊，挑眉擠眼，目光似豆的用力盯看（不信下次可以注意看看），這樣的儀表不但吸引不了人，還會增加度數喔！我相信，絕對有人因為諸如此類的動作習慣而決定不和某個對象交往，但是真正的原因是說不出口的，比方說，男的問女的：

「妳為什麼不能繼續和我交往，有什麼缺點我會盡量改。」

「嗯…我們個性不合啦！」

難不成妳會老老實實對他說：

「誰教你一天到晚凸眼鏡，醜死了，凸、凸、凸…凸什麼凸！」

要是真說了實話，搞不好他還怪你膚淺！卻不知很多缺點應該要自己去發現、改善，都要等別人好說歹說，雙方都尷尬。要求的那一方，不免被認為在嫌棄對方，說與不說都為難啊！畢竟大部分的人並不希望別人覺得自己太挑剔、嫌東嫌西的，有時則是深感不忍，這樣的矛盾到了之後的章節，你一定能體會得更

深，但有些事不嫌又不行，你欺騙不了自己最真的感受。

誰會老實說？

我有個經驗，對方是個很純情、帥氣的男士，這麼好幹嘛放棄哩？話說有一回他穿了一雙涼鞋，大概是見過幾次面鬆懈了，兩人邊聊天他老兄邊抖腳，抖抖抖……抖得可起勁兒了，然後我又

殺手秘笈

眼睛、眼神固然重要，眉眼之間的眼瞼也要注意，雜毛記得修，並盡量避免浮腫！擔心周圍有細紋，眼霜要勤勞抹；心情不好，塗一層亮麗的眼影，光采動人，但要注意眼影會暈開，需擦拭補妝。

眼鏡族難免需要凸一下嘛！以大拇指、食指扶住鏡邊匡正回去，或用指背從旁輕輕推一下，看起來斯文有禮，比硬生生的用一根指頭往中間凸上去好多囉！

夏天到了，鼻眼接觸鏡框的部位容易悶熱、流汗，導致鏡片有污損及霧氣，別忘了拿下來擦拭。

如果覺得戴眼鏡阻礙眼睛放送電波，或鼻樑太矮，眼鏡不容易掛在上頭，常常往下滑，有礙觀瞻，在眼睛不會過敏及導致其他病變的情況下（要看經過眼科醫師檢查），換戴隱形眼鏡吧！

喜歡翻白眼的人注意囉！這是下意識的動作還是習慣性的不屑態度呢？我幾乎沒有看過任何一個人做出翻白眼的動作，依然美麗迷人，第一，翻的動作很恐怖，單看眼白太醜，其二，這是一個很沒風度、充滿敵意的傲慢表情，戒之為妙。

有眨眼問題的，一定要尋求醫生幫助，我們都很清楚這種症狀對人際關係的影響。不是顏面神經因素，喜愛學老外眨眼示好、引起注意者，最好先確認自己有雙公認（非自認）的美麗電眼，技巧也夠純熟。我的意思並不是老外眨眼才好看，這要配合民族性及外表特色嘛！不然，強強來一下，對面的男孩及女孩看是看過來了，也摔下地囉！

第三章

梅香撲鼻

劉德華的鷹勾鼻、成龍的“性”福鼻…別輕忽，

鼻子也有表情喔！

往後都得付出極大的代價及煎熬才能修復，而且不見得能回復原貌。無論如何，一定要忍住那雙賤賤的小手，別去摸擠臉部的暗瘡、青春痘，尤其是青少年朋友，那些坑坑洞洞會跟著你一輩子，即使將來有錢以整型外科方式治療，也是勞心、費時又花錢。鼻頭是皮脂腺分泌旺盛的區域，過度擠壓容易形成蜂洞，加上紅紅腫腫的，蒜頭鼻儼然成型，愛面

族不得不慎，以免後悔莫及。皮膚好壞靠自己保養，面皰問題嚴重難解，千萬不要自己亂買成藥塗抹，看醫生是經濟、安全的方式，但仍需患者耐心配合。

❤擤鼻涕學問大

鼻子不僅容易長粉刺，還會哈啾、打噴涕，需要擤鼻涕，痛痛快快用力大擤特擤，私下無人時沒有人會抗議啦！如果正好和朋友、客戶用餐，或在一些公共場所，可不能只顧自己的痛快喲！在人前打噴涕滿尷尬的，有時毫無預警，打雷般的聲響就冒出來了，若忍不住造成尷尬場面，向在場的人說句：「Excuse me! 不好意思……」，倒也無傷大雅，畢竟這是每個人都會犯的毛病。擤鼻涕很有學問喔！通常我們會低著頭小心翼翼的擤，卻有些人很鹵莽，大剌剌、大聲大氣的正對著別人扭ㄘㄥˋ不說，擤完了的紙巾還大大方方擺在前頭，教人食不下嚥，真是失禮。

♥下一個翩翩男就是你！

當眾擤鼻涕應注意以下幾點禮儀：

1. 不要正面對著別人或餐桌上的食物打噴涕、擤鼻涕，即使頭低下來了，也應稍稍往左右兩邊沒人的地方或向後方進行。
2. 用過的紙巾避免放在顯眼之處，應立即扔棄或暫時擱在不明顯的地方，伺機處理。
3. 將衛生紙捲小輕輕沾著鼻子清理，是對鼻子較無壓迫的好方法，在公衆場合則須加倍小心，以免勾到不該捲出的穢物。
4. 如果預知是一場「驚濤駭浪」，或鼻子已在抽動，有打噴涕的前兆，起身至洗手間處理吧！
5. 盡量控制您的聲響。

6. 若生病重感冒、咳嗽傷風，為了自己及別人的健康，盡量不要出入人多的地方。

7. 男性朋友千萬別以為自己是男人，粗聲粗氣沒關係，事實上這關乎個人衛生、生活習慣、風度儀表，會影響形象的。可別做個沒氣質兼沒衛生的二十一世紀男性喔！當其他人猶渾然未覺，而你已有了正確觀念及執行的魄力，下一個風度翩翩的男子就是你啦！

殺手秘笈

台灣空氣品質不佳，鼻子過敏的人很多，因此從鼻子發出來的怪聲很多，吭吭ㄘㄥˋㄘㄥˋ。你生活的環境裡一定有人整天吭、吭、吭個不停，非常不悅耳。雖然是因為空氣不好、鼻子不舒服發出怪聲，其實也是放縱自己養成不好的習慣。

我和很多人一樣曾有吸鼻子的習慣，常常就有人問說：

「妳感冒啦？」

剛開始我被問的一頭霧水，也沒有察覺自己有這樣的動作，慢慢發現了，覺得不太好，就學著控制改善，現在幾乎不會有亂吸鼻子的習慣。

習慣難改嗎？難啊！但是因為困難就不用改嗎？何況是會干擾到他人、家

人的聲響。如果常有人問你怎麼了？鼻子不舒服嗎？感冒啦！就是自己常會發出怪聲的訊息，趕快痛改前非吧！只要持續一陣子，你會發現，比減肥簡單多了。

家長尤其要注意小朋友的言行舉止，在校園裡，最容易沾染壞習慣，有樣學樣。有一回我姪女到家裡來，眼睛一直在眨，以前並沒有這樣的毛病啊！於是我教她眼睛定定一、兩分鐘不要動，說笑話耍寶分散她的注意力，不用幾回合，不到二十分鐘，就改善了眨眼的習慣。

即早發現，愈能解決問題。其實小孩子很在意自己的外表與美醜，將心比心，又有多少大人能完全拋開不在乎呢？現實社會亦不如父母師長所言，課業最重要，外表不重要。

習慣成自然，積習難改，不得不察！

第四章

口齒芬芳

嘴是臉上表情最豐富的器官，也容易成為視覺注目的焦點。

以前有個同事，她的問題可說是非常嚴重，沒有一天沒有味道，可是她又喜歡表現女同事間的親近，老愛貼住人家的耳朵，摀著嘴講悄悄話。共事了兩年，大概是交情很好的同事告訴了她，才開始漫長的蛀齒治療，與人交談也盡量保持距離，大家都鬆了口氣。說實話，口臭的問題在國內非常嚴重，奇怪的是，有口臭的人好像自己都不太知道，大剌剌的對著別人張開大口、高聲談話。

絕對沒有人天天擁有清新的口氣，重點是我們要「知道」自己有沒有好口氣！這是十分重要的課題，唯有發自內心的想擁有好口氣，才會時時刻刻自我檢視，當做日常生活的一部分，不需要當衆對著手掌哈哈用力吐兩口氣才聞得出來，不動聲色的將舌根和咽喉往內一弓就知道此時此刻的口氣了。當我們自覺口氣不夠清爽，千萬不要突然靠近別人說話，其實，平常人與人接觸，就應該保持一個安全距離，這樣，即使狀況不佳也不容易失禮。要讓口齒芬芳，除了維持牙齒外觀整潔乾淨，要注意的事還真的很多。大家或許訝異一張嘴兩片唇竟然會衍生出那麼多的壞習慣、怪毛病，實際上，卻是我們司空見慣的場景。

口氣清新好人緣

蛀牙、牙周病、刺激性食物、腸胃不佳、沉默寡言、不愛喝水、節食、空腹太久…都可能是引起口臭的原因，暫時性的口氣，例如剛吃蔥蒜，餐後來杯黑咖啡、牛奶、檸檬汁或一片喉糖、口香糖，以及飯後刷牙、多喝水皆能減輕味道，如果待會兒需與人洽談，一定要費心整理一番，不然一開口會很尷尬。

更是恐怖。之前看到醫學刊物報導，台北萬芳醫院引進了國外最新型的洗牙機器，可大幅降低洗牙的酸痛感，而且沒有刺耳的聲響。此外，保健牙齒一定要聽牙醫生的囑咐，像是牙線的使用，那比刷牙有用多了，能有效清潔牙菌斑，前幾天一定會用不習慣啦！不出兩個禮拜，養成了習慣，哪天沒用牙線都嫌清潔不夠徹底，是既簡便又有效的保健方法。

❤血盆大口輕輕掩

牙齦面積過大，也就是笑的時候會暴露出來的朋友，最好能用手稍微輕掩，或避免哈哈大笑，因為鮮紅色的牙齦在外觀上會造成一種壓迫感；曾經補牙留下的黑色痕跡，張口大笑很容易被看到，有礙美觀，迷人的微笑比較適合你啦！

台灣吃檳榔的紅唇族不少，既然你愛吃到不怕得口腔癌、血盆大口也不管

會不會嚇到人，好歹嘴角兩邊的陳年紅汁擦一下吧！一些唾沫過剩的人也會有類似的問題，嘴角常卡著白白的口水，實在很不雅觀。

根據我的觀察，口沫橫飛的人口才大都不錯，喜歡交朋友、談天說地，如能多注意控制「水量」，相信別人更樂意與你往來，不然，一張開口整張嘴及齒縫水水黏黏

頂舔牙縫的嘖嘖聲，舌尖在門牙前弄出滋、滋、滋的聲響，以及各式各樣無法形容的怪聲。坐公車時常聽到，不分男女老幼，可以不間斷的製造噪音，大概是太無聊了，才會無意識的嘖滋不停！我曾嘗試過，在坐位後面的乘客一發出噪音，立刻回頭看對方，基於禮貌，頂多望個二回，發現他們都渾然未覺，恐怕根本沒有注意到自己正發出不宜的聲響。

只有一次我在便利商店結帳，另一位男士同一時間擠到收銀台前，嘴裡滋滋聲不絕於耳，可能是剛吃飽很滿足，我迅速看了他一眼，他竟然也發覺了自己的問題，立刻「停嘴」，十分難得。保持距離是一種禮貌，但人與人之間有時不得不擠在一起，幾乎到了磨肩擦踵的程度，像是搭公車、電影散場…此時，我們能不多注重自己的口氣是否清新，避免發出怪聲影響到別人嗎？

打哈欠說抱歉

有一次搭公車站著面對安全門，兩個高中生在聊天，其中一個頻頻打呵欠，打呵欠也沒什麼，卻見年輕美眉嘴不掩、鼻不遮的，正對著前方及兩旁哈來哈去，一張嘴張得老大：打呵欠要掩嘴不是最普通、人人皆知的基本禮貌嗎？

現實一點來說，我眼前這位美眉身材很胖，長相普通，在人際、愛情、未來職場發展上，先天已經不具備優勢了，如何這樣大而化之，毫無半點細緻可言

人面前剔牙，這麼重要的禮儀習慣，卻是那樣千奇百怪、不堪入目的呈現著。我看過有人在我對面十指併用，用食指和大姆指拉拔出上臼齒的菜葉，然後一派大方的放到餐盤；有用小姆指長長指甲勾的、舌頭拼命挖撈的。剔牙，不必那麼辛苦：

1. 使用牙籤，以手掩嘴，頭部微低，從容不迫。

2. 清理出來的殘渣請勿當衆吃下去，甚至放到手指上再送進嘴裡。

3. 清理出來的東西應抹在餐巾紙或面紙上，輕輕包起來，不要暴露在別人面前。

4. 用過的牙籤不要直接丟在煙灰缸，最好細心用餐巾紙或面紙包裹住。

5. 先喝杯水初步清理一下口腔，但切忌發出咕嚕咕嚕的漱口聲音，如果還是覺得殘渣過多，不妨到洗手間處理。

6. 女性朋友要小心口紅沾到牙齒，但也不宜公開咧嘴擦拭，先拿小鏡子照照，再到化妝室整理較得體。口紅沾到杯子的唇印若太過明顯，應該稍加擦拭。嘴唇接觸的杯口固定在同一個位置，切忌將口紅沾滿整個杯緣。

7. 避免當衆以舌頭在牙齦撈勾推挖，這是相當難看的動作，看起來很像猩猩喔！

好久好久以前有一位日本紅星叫中森明菜，以嘴唇微張的無助表情走紅演藝圈，在國內也有一些玉女跟進仿傚，一時之間性感噘嘴大大風行。嘴巴開開合不攏，力道、角度稍嫌不對的話（通常伴隨朦朧呆滯的雙眼），非但帥哥玉女當不成，看起來少根筋倒是真的。

終極殺手

每天刷牙、用牙線徹底潔牙、定期洗牙檢查牙齒

一定要預防、治療口臭

剛起床或空腹過久口氣不佳，避免近距離與人談話

打呵欠要掩嘴

剔牙重衛生、講禮節

打嗝一定說聲：**Excuse me!**

吃東西盡量不要發出聲音，避免以舌尖及牙齒發出怪聲

請勿當衆噴口氣清香劑，掩飾的意圖太明顯，
反而令人感到不適

第五章 神采飛揚

魅力指數 ★★★★
防護區 臉頰、臉色、毛細孔、肌肉、表情、笑容、邊緣地帶
殺手指數 ★★★★

臉部的神采，是五官配合後的整體展現，我們的喜怒哀樂、自信活力，通常就表露在臉上。一張死氣沉沉的臉，連自己看了都不滿意，鏡子也懶得照呢！充滿朝氣的臉，好臉色、好氣色，心情自然愉快。

想要給人好臉色，基本保養偷懶不得，男性朋友一樣不能輕忽喔！

❤保養基本步

a. 洗 臉……

如果你平常不擦乳液、欠缺保養，總得洗臉吧！不只要認真的洗，還得洗、乾、淨。或許有人以為皮膚不太出油，隨便用水沖一沖即可，其實，外面的空氣、灰塵很髒，有多髒？清鼻子的時候就知道了，所以，不好好洗臉是不行的。油性或混合型膚質的人，一張臉那麼容易出油，更不能忽略洗臉的重要性。

很多美容專家會教導我

子，而且要看、清、楚！我自己洗完臉一照，常常髮際的洗面乳沒沖乾淨，脖子、耳際、鼻子…等小地方洗不乾淨的人也很多，為免功虧一簣，洗完臉別忘了照鏡子檢查看看喲！

b.收　斂……

我常說一白不能遮三醜，仔細觀察，便不難發現，皮膚不好，一白不僅遮不了三醜，臉上的斑啊、點的看得愈明顯。膚質健康、色澤均勻有亮采、肌膚具彈性，才是真正美麗的皮膚，而細緻乾淨的毛細孔又最為重要。毛孔粗細是天生的，但是細心呵護絕對可以改善先天的不足，倘若棄之不顧，經年累月風吹日曬下，毛孔只會愈粗大，遠觀即見黑黑點點，永遠不敢嬌媚的說：「你在看我嗎？沒關係，你可以再近一點。」誰要近看滿佈黑頭粉刺的毛細孔呀！空氣污染及廢氣灰塵都是造成肌膚不潔、毛孔堵塞的因素。一些沒有上妝習慣的女孩子會認為，常化妝對皮膚不好，事實上，現在的化妝品質地很好，化妝就是一種保養，除非像明星、模特兒長期濃妝豔抹，平時能不化妝就盡量讓皮膚充分休息。不然，素淨著一張臉等於直接暴露在外界的髒空氣中，殺傷力很強，建議成年女性，外出上班時，多少上點淡妝，這也是基本禮貌。

素淨的臉適合年輕無暇的肌膚，讓本身的青春襯托一臉細緻；年紀稍長的人，適合增添一些色彩，完全的素淨反而不搭調。毛孔本來就粗大、膚色較暗沉者，更需要淡淡的粉妝修飾，對自己的外觀及他人的視覺都有正面效果。即使不上任何彩妝，防紫外線的乳液、隔離霜多少要擦，以保護肌膚，然後撲點蜜粉，

男生從小就沒有被灌輸好好洗臉、護膚的觀念，我也堅決反對男士們把肌膚保養的比女生細嫩啦！不過，很多男生的毛孔裡黑黑髒髒的，這樣臉色看起來會暗沉，沒有精神，養成正確的洗臉方式，偶爾和婆婆媽媽、姊姊妹妹一起去去角質，絕對沒錯！

整妝待發

化了妝就有需要補妝整理的時候，否則日曬流汗一脫妝，臉花了，也油了，不均勻的粉一塊一塊的，顯得很狼狽。隨身攜帶面紙或吸油面紙輕輕按壓，再補點粉，就有臉見人了。

國際禮儀的要求是不要在公共場所補妝，不過坦白說，我自己是做不到啦！這鏡子一照，一看到這兒花、那兒油的，忍不住要馬上整妝啊！頂多，頭低低，動作小一點，迅速補粉、擦口紅，免得惹人注目。以前上化妝學，老師舉例

表演的一個補妝畫面讓我印象深刻，至今引以為鑑。有人補功一流，刷刷幾下，美麗再現，不過，常常看到正在開車以及坐車的女性朋友，嘴巴大大張成O字型，口紅一上下左右一揮，動作很是俐落，樣子就稍嫌誇張了。我想，如果沒有辦法完全做到不當眾補妝，像刷睫毛、塗眼影(眼睛要撐、要瞇)這類的動作，盡量到化妝室進行吧！和熟識的朋友聚會，禮貌性打聲招呼：「對不起，補個口紅」應該沒什麼關係，但動作要含蓄一點喔！若處於正式場合，或者是面對重要客戶、初次見面的人，就真的不太適合了。

的氣質與特色，一不小心，還會被人誤會是在擺臭臉，存心挑釁。如果攬鏡自照，發現臉頰肌膚下垂，那可能是臉部不常動、太少笑了，明明年紀不大，面容鬆垮，甚至比老人家還缺少元氣，大概自己都不會想看到那樣的一張臉。

不論是因為性格拘謹、嚴肅、無趣，還是不善表達、保守害羞，試著帶點微笑吧！微笑是最好的溝通語言，雖然是老生常談，卻絕對是行遍天下，放諸四海皆準的道理。配合談話內容、心情轉折所產生的面部表情，生動有趣，但若做出歪鼻子、扭眼睛的怪表情就會弄巧成拙了！另外，摳鼻、摸臉、挖耳朵的動作太頻繁，不但不雅觀，臉上也容易長痘痘、生疙瘩喔！

終極殺手

常保微笑、臉部線條柔和可親

洗臉前先洗手、把臉洗乾淨、毛巾勤更換

耳後、髮際、下巴、頸部等邊緣地帶也要清洗乾淨

毛細孔、鼻孔一乾二淨

避免經常用手摳鼻、挖眼又掏耳

補妝重禮節

擠眉弄眼、歪鼻扭嘴的怪表情敬謝不敏

萬萬不可當眾擠痘痘

活力自信現光采

拜託！你是男的耶！
比我還愛美。
陽春

第六章 腋下風情

魅力指數	★★★
防護區	胳肢窩、腋毛、汗漬、氣息
殺手指數	★★★★★

我們的生活圈常常在談論怎麼減肥、美白、整型，對於狐臭的問題，卻少有積極的討論。實際上，體味影響人際與工作甚鉅，相當值得關注。

不可否認，明知周遭環境存在患有狐臭的人，誰會去說呢！是裝作沒聞到，還是私下嫌惡？不禁為症狀嚴重者婉惜，有的人個性真好，長得不比人醜，身材不比人遜，偏偏等不到有緣人，我猜，體味多少造成了距離與隔閡。

就工作來說，坐辦公桌的人，不時要互相傳遞文件，手一伸，袖一揮，都會有風，味道自然散發；跑外勤的人，要拜訪客戶、介紹業務，走動間一舉手一

投足，陣陣氣息在空氣中流通。狐臭絕非我們故意製造傳散的，沒有人希望自己有狐臭，但卻是人為控制不了，這也的確會干擾他人的嗅覺權利。特別是味道重到根本不必做任何動作，僅僅面對面坐著都聞得到。

請勿干擾他人嗅覺權利

從前有位同事體味頗重，由於工作上的互動密切，像是校稿、編輯…當他拿文稿給其他部門的人員時，通常是站著遞交給坐著的一方，他的體味由上而下散佈，讓對方很感冒，私底下抱怨連連，即使大家都明白他是好人，不是存心故意，仍會對這個人產生負面印象。結交男女朋友的障礙更不用說了，其實，不是每個人都排斥特殊體味，也有人相當迷戀呢！但畢竟那是少數人的偏好，一般人總是欣賞清香怡人的味道。情人的關係那麼親近，摟摟抱抱、卿卿我我的時候，狐臭──挺煞風景的。

的汗還會把白色制服染得黃黃的，在尚未根治前，一定要養成使用制汗劑的習慣，每天換穿乾淨衣物，並特別注意貼身內衣的潔淨。

★欲穿無袖服裝的女性，宜剃掉腋毛，維護美觀，穿短袖的衣服也要檢查一下，是否有多餘過長的腋毛穿刺在外。由於腋下容易繁殖細菌，到了夏天，女性可以剃掉腋毛，男性不妨把腋毛剪短至1公分。

★大量流汗後，可主動告知周圍朋友：「不好意思，剛剛流汗，味道比較重。」。

★制汗劑的味道最好以清淡為主，太強烈的氣味混合自然的體味，說不定有反效果。

❤「臭」男生注意！

狐臭的煩惱並非女性專屬，「臭」男生還以為事不關己，自欺欺人說是

第六章 腋下風情

清新的體味，讓人可以再靠近你一點。

「男人味」十足，臭就是臭，沒有性別之分。本身有狐臭的男士，運動、喝酒後，還會臭上加臭，該注意、保養的功夫一樣不好輕忽。

清新的體味在職場上更為重要，尤其是從事服務業的人，腋下常常居高臨下對著客人，身體較接近群衆的職業，例如美髮師、解說員、空服人員、接待員、公關…等。之前和媒體記者應

殺手秘笈

多做自我觀察，看看旁人是否因為自己的出現，忽然忍不住的撇過頭去或暗暗掩鼻，身體還會不自主的退縮，即使是熟識的朋友、同事也不太傾身靠近、勾肩搭背。

請勿在公共場所擦拭腋下，或是用手摸摸腋下又拿起來聞一聞。若旁人提醒自己有汗味，毋需過份防衛，最好能夠虛心接受、私下檢查。

終極殺手

正視狐臭，向狐臭說再見
時時保持腋下乾爽
私下勤於擦拭腋下汗水
養成使用制汗劑的習慣
穿著無袖衣服應剃掉腋毛
自信乾爽度過一整天

第七章 指高氣昂

魅力指數 ★★★★

防護區 手指、指頭、指甲、指圍

殺手指數 ★★★★★

❤獨特氣質的展現

我很喜歡看人家的手，覺得那是另一種欣賞別人獨特氣質的方式。運動員黝黑厚實的掌，格外潔淨溫暖；喜歡ＤＩＹ的禿禿指頭，靈巧無比；冶豔女人的鮮紅蔻丹下，出奇纖細完美的手指；斯文醫生沒什麼意外的，充滿書卷氣蒼白的指背；心事重重的人啃咬出不規則狀的指甲，指節神經質的瘦削卻堅毅外露著……

男性品味的表徵

想要擁有氣質好指，首先一定要保持指甲內的乾淨，藏污納垢的指甲、指縫，可是既不衛生又不美觀喲！女孩子比較不會出現這樣的問題，指甲修的美美，然後塗上亮麗的指甲油，總是那麼地光鮮美麗。男性儀表品味的展現，最主要的部位就在於指甲。指甲修剪的平整，

標準指甲

具有持久力，
堅忍不拔的類型。

長指甲

呼吸器官較弱

短指甲

表示健康，但是過短
則可能不容易生育。

圓指甲

雖然性情不穩定
但是卻有臨機應變
的能力。

貝形指甲

富有神秘性，是屬於
嫉妒心很重的類型。

長窄的指甲

器量狹小，神經
質，容易把自己關
在象牙塔內。

蛋形指甲

比較靈巧，是位社交家。
對玩樂較熱心，但是在
工作方面的表現卻麻麻的。

扁平呈四角形指甲

表示此人規規矩矩，
誠實可靠，但是缺乏
新鮮感。

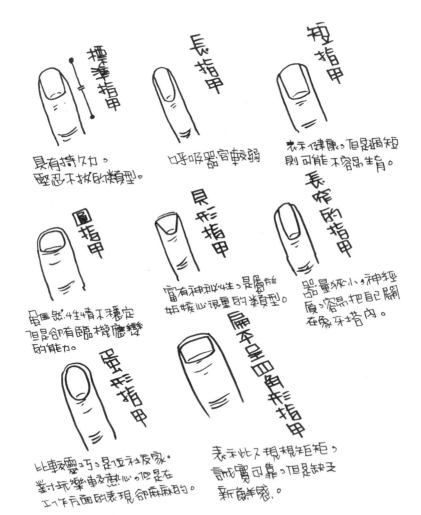

易折斷裂開，表面粗糙有凹溝等現象，大都是體質不佳的徵兆。指甲是圓形、蛋型、短的、長的、窄的還是貝殼狀⋯在命相學中也有一番解釋，十分有趣。

我們經常需要伸出手來拿東西、遞名片、擦汗、握手⋯除了臉部以外，最常呈現在外，有所作為的莫過於雙手了，難怪有人說，手是人們的第二張臉。手部的防護措施當然不能掉以輕心囉！

得脆弱，失去光澤。

★塗指甲油前，最好先塗一層指甲底油，保護指甲的健康，同時使指甲油更容易上色及持久。

★指甲油的顏色愈深，對指甲的影響相對愈大，容易使指甲變黃，更不美觀，最好塗抹個三、五天，就讓指甲休息兩天，呼吸一下。

★指甲油有一定程度的傷害性，應避免使用含甲醛成分的指甲油。

★卸指甲油的去光水，也是會傷害指甲的，其所含的丙酮成分，會令指甲的角質層因乾燥變得粗糙、脆弱，所以，卸完指甲油，記得

一定要擦保溼乳液，保持指甲健康。

★避免指甲油呈現斑駁脫落狀。

★如果本身的指甲顏色是健康的粉紅色，盡量維持自然原貌吧！一旦開始擦指甲油，指甲就不可能完全不受影響，還得花費加倍的心力防護。

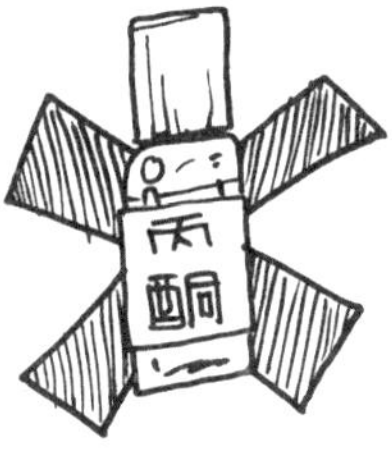

c. 保養

儘管努力呵護指甲，仍有可能因為一些特別的疾病造成指甲異常，例如全身性疾病或一般皮膚病造成的指甲變化、局部指甲外傷、皮膚腫瘤，甚至因為年紀老化的關係等等，都會使指甲外觀受損。

★一旦發現異常，一定要求助於專業的皮膚科醫師，倘若指甲本身受到細菌或是黴菌的感染使得指甲變得不正常，更須仰賴醫生的診斷及正確的治療。

殺手秘笈

有手汗困擾的人可隨身攜帶小手帕，有必要接觸別人的時候，事先擦拭一下，就不會太緊張、窘迫了。女性朋友冬天常有手腳冰冷的問題，如果覺得不方便與人握手的話，點頭示意亦可，不一定要伸出玉手。

切勿十指叮叮咚咚掛滿戒指，一手超過兩指都嫌累贅、俗氣。

手部的動作是品味與氣質的表徵，所以，手指絕不是專門拿來在公開場合、光天化日之下掏牙、挖鼻、摳眼、東摸摸西聞聞的工具喔！

終極殺手

指甲過長當剪、指縫內髒垢該清
平整乾淨的手指乃男性品味所在
不要『咬』牙切齒、指甲周圍的邊肉也要修剪
女性塗指甲油尤其需要注意保養
多吃含豐富維生素A的食物，增加皮膚彈性、
促進指甲健康

第八章 足以自豪

魅力指數	★★★★
防護區	腳趾、腳指甲、鞋子、襪子、氣味
殺手指數	★★★★★

❤好鞋畫龍點睛

足部在我們整體儀容中佔有畫龍點睛或者功虧一簣的關鍵效果。全身上下打扮得體，唯獨腳上穿的鞋子不合時宜、顏色不搭，襪子質料不配，整體形象依然大打折扣。反之，整體得宜則給人一種賞心悅目的和諧感。

腳上穿的鞋襪是男性展現品味的另一重點。以前班上有位男同學拼命打工，賺的錢幾乎用來買名牌服飾及皮鞋，多年後我問他當時為什麼那麼「愛慕虛

榮」？他說，品質好的衣服、鞋子穿個三、五年不成問題，不但有質感，時間和金錢經過換算，絕對划得來。

我也曾經嘗試買夜市的鞋子，培養節儉美德，連續買了兩雙鞋，不到一個月就報銷了。雖然百貨公司買一雙，夜市可以買四、五雙，但是一雙好鞋禁得起東拐西扭的，起碼可以「凍」兩年，與其買一打劣質鞋不深色鞋配深色襪，白色棉襪通常搭配運動鞋，這是基本的Sense。坊間流行時尚雜誌很多，不論男女，有機會多翻一翻，作為穿衣打扮的參考，不需要照單全收，重要的是找到適合自己的Style。

❤穿涼鞋腳首重乾淨

由於女性穿鞋多著重外觀，尖頭的、細窄的、恨天高等各式會讓腳部不舒服的鞋，只要夠美，沒有不穿的道理。夏天到百貨公司買鞋子看的最明顯，很多女生的腳面被鞋子精心設計的線條弄得痕跡斑斑，後腳跟也有涼鞋帶勒的紅色印記；腳趾被擠壓的變形、受傷的，大有人在。男生的腳丫子一伸出來絕對比我們的白嫩好看，從小穿的鞋就寬大舒適嘛！穿著不符合人體工學的鞋子，確實會造成走路內八字或外八字，經常腰酸背痛，長雞眼、腳痛等問題，在美麗與健康之間，如何取得平衡？傷腦筋呀！

選「鞋」與能

1. 鞋子穿太久會感到悶熱，選擇皮革或帆布的材質，空氣比較容易流通，可減少足部出汗的機會，避免引起皮膚過敏或感染的危機，順便預防腳臭。
2. 盡量不要穿高跟鞋，那會加重腳趾壓力，影響血液循環，造成擠壓受傷或起水泡。很難做到嗎？至少偶爾穿穿平底鞋，讓雙腳休息一下。
3. 鞋頭不要太擠、太尖，以免過度擠壓雙腳，引起腳趾疼痛，影響走路姿勢。

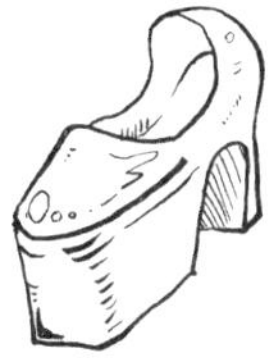

作抬腳運動，都能幫助腳部血液循環。

★因為流腳汗導致紅癢的情況，試試在溫水中加入沙威隆，殺菌兼柔嫩肌膚。

★穿乾淨無洞的襪子，免得不曉得哪個場所要脫鞋，惹得臭氣沖天，薰跑一堆人。況且露出的腳趾頭無所遁形，無疑是自毀形象啊！

★不敢相信自己的眼睛，擁擠的捷運裡，一位穿著光

鮮亮麗的婦人在摳—腳—皮…請節制吧！

c. 保養

千里之行始於足下，人體各部的器官，都能在腳底找到一個相對應的反射區，在人体經絡循環中，足部是不可或缺的重要部位喔！

★一旦發現足部有傷口、紅腫、濕疹、潰瘍、水泡或青腫…的現象，且無痊癒跡象，必須馬上看醫生，因為不起眼的腳疾演變成嚴重疾病的例子非常多。

★腳上結繭或長雞眼得小心應對，最好不要自己處理，而是尋求專業幫助，否則處理不當，到時挨上一刀，活受罪。

★穿乾淨舒適的襪子，保持足部衛生。

第九章

身體語言

舉止、動作常代表沉默的你發言，

粗鄙與優雅盡在舉手投足間。

物，而旁邊的行人也不時地再補上幾口呢！往往躲避不及。國民政府剛遷台時，大街小巷也貼有不准隨地大小便的警語，目的無非是希望大家在公共場合恪守生活規範，培養個人禮儀，打造一個國家富而好禮的形象。

當然，禮儀絕對不是在外面對人客氣謙和，回到家面對自己人魯莽輕率，即使難免態度較為放鬆，還是要擁有一定水準的本質。

尊重你我身體領域

走在台北市的街頭有時令人生氣，不是被熙來攘往的人撞到肩膀，不然就被人家的皮包、提箱ㄟ到，即使自己已經欠過身，對方仍然大搖大擺，絲毫不見婉轉禮讓；下雨天撐傘更糟糕，不肯互相閃避、移動，以致傘尖戳到人頭的場面，司空見慣。雖然我們不認識迎面而來的人，仍應尊重彼此的身體領域，生活在同一個地球，有多少與人擦肩而過、四目相接的機會！不小心碰觸到了，客客

氣氛點頭致意，而不是當做沒事或者瞪人家一眼，都能減低發生爭執的機會。

社會上多點水準夠、有禮貌、習慣好的人，氣氛必定更和諧。下一次，何妨以一種體貼的心胸與角度，從自己做起，放慢腳步，尊重別人一下！

一般生活常見的肢體動作，有幾項禮儀原則值得參考：

★站立、行走時挺胸縮腹，

包過大，一定要主動收移至自身的方向；後面背著大包包的人，不要只顧著自己，橫衝直撞的，特別是在公車上、鬧區裡。

★每個人都有自己的身體領域、自由空間，當我們可能侵犯到他人權益時，比如說下車伸手按鈴、越過別人拿東西，一定要先告知對方，「對不起、借過一下」時常掛在嘴邊。在說「借過」這兩個字的時候也要注意自己的語氣、表情，輕聲微笑的說：「借過一下！」和面無表情，語氣冷漠的唸著：「借過、借過！」是完全不一樣的呢！

★搭乘電梯的禮儀很重要，我們一進電梯就應該往裡面走，而不是擋在門口。三兩朋友一起搭電梯尤其不好橫站在中間，大聲談笑，電梯空間小，聲音太大，很有壓迫感。如果無法接近電梯門，手不要硬伸過去，用嘴巴請人幫忙，或者一進電梯就客氣的告訴站在按鈕旁的人你要到幾樓，都是合宜的要求。看到雙手提重物或不方便按電梯樓層的人，可主動詢問幫忙按鈕，表達我們的善意。

★上下樓梯也有學問。因樓梯陡斜，為防止有人不慎跌落，應該讓女性、長者、

身份位階較高以及身心障礙者先行上樓；下樓時則由男士、少年人、身份位階較低者先下。

★外出時，女生噴點香水、男生灑些古龍水，可增添迷人的氣息，氣味的選擇以一般人不會覺得太刺鼻的為主，也不要噴灑得太濃，嗆人鼻息。

★不要習慣性的調內衣、拉內褲喔！我們都自以為不落痕跡，其實很容易被看出

殺手秘笈

不經意與人四目交接，禮貌性的微笑可化解尷尬，不需慌張失措或是冷眼以對。檢視一下自己是否有張鬆垮嚴肅的臉，學習將嘴角輕輕往上揚，幫助改善臉部線條，養成了習慣，即使不能讓笑容變得甜美無比，看起來也親切多了。

從小師長就教導我們不要亂丟紙屑、隨地吐痰，還要常說：「請、謝謝、對不起」，道理大家都知道吧（我有些懷疑，不然一些吐痰的人怎麼大方成那樣）！但是台灣的環境髒亂有目共睹，許多長輩公然做出不良的行為舉止，恐怕

下一代是有樣學樣。只有當我們提昇認知的標準，確實體認到衛生習慣不佳、干擾別人是不符合禮儀，更應該感到不好意思的行為，才能自省進而提昇個人的修為。真正的禮儀是發自內心的習慣修養，可不是大白天乃翩翩君子一個，四下無人就垃圾、煙蒂亂丟一通喔！

第十章

表面功夫

我的儀容檢查表

對禮儀真諦了解淺薄者會強調：「這些我都知道」，實際上的作為呢？我看到許多青少年吐痰像喝水般自然，沒有人一出生就會做這個不雅動作吧！恐怕是有樣學樣。其實，這本書要強調的重點是自覺，唯有我們自覺做出不合宜的行為應該感到不好意思，才能夠自我反省、自我鞭策。

自我覺察

當然，這並不表示我們的行為舉止從此完美，做人也不必完美，這個想法本身是不理性的。若一時疏忽，導致儀表不佳，無傷大雅，只要擁有了自覺能力，便不會麻木不堪。我發覺，會產生種種不得體的動作、聲響，自己沒有察覺是主因，另外就是懶散罷了！因為懶散，囫圇吞棗的嚼食，絲毫不注意刺耳的聲響及難看的吃相，與人相迎一點也不肯稍微側身，橫衝直撞，懶得理人，缺乏尊重他人的一份善意。

理所當然的心態，更讓我們忽視生活小節的重要，我總覺得做人要大器，生活卻不能棄小節於不顧，除非是病理因素影響儀表，比方說口臭、狐臭；但正因如此，為了個人健康，也應努力改善、減輕其症狀。不管你的身份如何、從事什麼樣的工作，怎麼看待自己是最重要的，絕對沒有哪一個行業或身份的人，應該擁有蓬頭垢面、滿嘴紅汁、指甲污黑、言語粗俗……的形象。當「總裁獅子心」的作者嚴長壽先生還是個送件小弟時，就要求自己打領帶、服裝整齊。那時，他只是個不起眼的小員工罷了，誰會在乎？他卻非常看重自己，尊重自己的工作，成為現在家喻戶曉的飯店業者。

表面功夫並不淺薄，反而大有學問，常常照鏡子檢視儀容、練習表情，有機會多拍照，都是增加自覺能力的方法喔！

我的儀容檢查表　基礎篇

項目	Yes	No
1. 我不會隨地吐痰	□ Yes	□ No
2. 我不會當衆挖鼻屎	□ Yes	□ No
3. 在別人面前打呵欠我會掩嘴或避開人群私下解決	□ Yes	□ No
4. 我會注意自己有沒有頭皮屑，並且不隨意甩動頭髮影響旁人	□ Yes	□ No
5. 我會清理爬在鼻外的鼻毛	□ Yes	□ No
6. 吃東西不發出巨大嚼食聲	□ Yes	□ No
7. 不會對著別人剔牙掏齒還把殘渣吃下去	□ Yes	□ No
8. 嘴巴不會發出滋滋嘖嘖答答的怪聲	□ Yes	□ No

9. 手指甲、腳指甲保持乾淨	□ Yes	□ No
10. 我隨時注意自己有沒有口臭	□ Yes	□ No

ㄛㄛ…這個階段得分應該要滿分喲！基礎滿分，你已經具備一定的水準與氣質，有任何一項得No的朋友，加油！以上十點是很明顯的症狀，對自己的尺度不要太寬鬆喔！

我的儀容檢查表　進階篇

1. 頭皮、頭髮、腋下保持清爽，不會散發異味	□ Yes	□ No
2. 注重鞋襪搭配及皮鞋整理	□ Yes	□ No
3. 露出的腳趾乾淨整潔	□ Yes	□ No
4. 我不會當眾擠粉刺、痘痘	□ Yes	□ No
5. 打嗝會說「Excuse me!」	□ Yes	□ No
6. 臉上保持乾淨清爽	□ Yes	□ No
7. 不會做出擠眉弄眼、歪嘴扭鼻的怪表情	□ Yes	□ No
8. 適度噴灑香水或古龍水	□ Yes	□ No

9. 重視每個人的身體自由權	□ Yes	□ No
10. 對於別人好意的提醒，應感激對方讓自己不再尷尬下去	□ Yes	□ No

恭喜恭喜！

不管得到幾分，你都是有自覺能力、懂得尊重別人的優質男女！

我的儀容檢查表　美儀篇

項目	Yes	No
1. 一切重頭	□ Yes	□ No
2. 眉飛色舞	□ Yes	□ No
3. 梅香撲鼻	□ Yes	□ No
4. 口齒芬芳	□ Yes	□ No
5. 神采飛揚	□ Yes	□ No
6. 腋下風情	□ Yes	□ No
7. 指高氣昂	□ Yes	□ No
8. 足以自豪	□ Yes	□ No

項目		
9. 身體語言	□ Yes	□ No
10. 時時保持清新、合宜、得體的形象	□ Yes	□ No

喲呵！

氣宇非凡、儀表出衆的你，誰與爭鋒！

B 大旗出版　大都會文化　讀者服務卡

書號：CT004　哎呀！真尷尬

謝謝您選擇了這本書，我們真的很珍惜這樣的奇妙緣份。期待您的參與，讓我們有更多聯繫與互動的機會。

姓名：＿＿＿＿＿＿＿＿＿＿ 性別：□男 □女　生日：　年　月　日

年齡：□20歲以下 □21—30歲 □31—50歲 □51歲以上

職業：□軍公教 □自由業 □服務業 □學生 □家管 □其他

學歷：□國小或以下 □ 國中 □高中／高職 □大學／大專 □研究所以上

通訊地址：

電話：（H）　（O）　傳真：

E-Mail：

※您是我們的知音，您將可不定期收到本公司的新書資訊及特惠活動訊息，往後如直接向本公司訂購（含新書）將可享八折優惠。

您在何時購得本書：　年　月　日

您在何處購得本書：＿＿＿＿＿＿＿＿書店，位於：　（市、縣）

您從哪裡得知本書的消息：

□ 書店 □報章雜誌 □電台活動 □網路書店 □書籤宣傳品等

□親友介紹 □書評 □其它＿＿＿＿

您通常以哪些方式購書：

□書展 □逛書店 □劃撥郵購 □團體訂購 □網路購書 □其他

您最喜歡本書的：（可複選）

□內容題材 □字體大小 □翻譯文筆 □封面 □編排 □其它

您對此書封面的感覺：

□很喜歡 □喜歡 □普通

您希望我們為您出版哪類書籍：（可複選）

□ 旅遊 □科幻推理 □史哲類 □傳記 □藝術音樂 □財經企管

□電影小說□散文小品 □生活休閒 □語言教材（____語 ） □其他

您的建議：

唉呀!真尷尬

作者　楊麗菁
插畫　許向豪
發行人　林敬彬
主編　趙濰
執行編輯　方怡清
封面設計　王雅慧
美術編輯　王雅慧

出版　大旗出版社　局版北市業字第1688號
發行　大都會文化事業有限公司
110台北市基隆路一段432號4樓之9
讀者服務專線　（02）27235216
讀者服務傳真　（02）27235220
電子郵件信箱　metro@ms21.hinet.net
郵政劃撥帳號　14050529 大都會文化事業有限公司

港澳地區經銷　全力圖書有限公司
聯絡地址　香港新界葵涌打磚坪街58-76號　和豐工業中心1樓8室
聯絡電話　（852）24947282
聯絡傳真　（852）24947609

出版日期　2001年9月初版第1刷
定價　NT$200 元
HK$63 元

ISBN　957-8219-40-7
書號　CT004

Printed in Taiwan

大都會文化　大都會文化 METROPOLITAN CULTURE
大旗出版 BANNER PUBLISHING

SEXY
hair

Perfect
No

SEXY
hair